Santiago de Compostela

Meta del peregrino

susaeta

La catedral compostelana constituye el corazón de una ciudad que surgió alrededor del templo como fruto de la veneración a las santas reliquias de Santiago el Mayor.

Realización:
Thema, Equipo Editorial, S.A.

Fotografías:
Frederic Camallonga
Para el tema correspondiente:
© Museo das Peregrinacións - Santiago de Compostela

Campezo, s/n - 28022 Madrid
Tel. 913 009 100 - Fax 913 009 118

Desde el palacio Gelmírez se perfila la plaza del Obradoiro, cuyo suelo mojado por la lluvia refleja los haces de luz en el anochecer compostelano.

Sumario

Desde la Alameda, la silueta de la catedral semeja el reverso barroco de un cielo encapotado de nubes grises.

Santiago de Compostela

Meta del peregrino

Ante su hamaca se yergue, de pronto,
con torres que alcanzan el cielo,
la catedral de Compostela.
Alejo Carpentier, *El Camino de Santiago*

Lluvia
Finas gotas caen del cielo y, deslizándose por los paraguas, buscan las fuentes.

Hábito
El romero sigue el largo camino de la Vía Láctea abrigado con las vestiduras de la fe.

Mito
Estatuas de piedra pintada representan personajes literarios en los parques.

Piedra
El artesano dio forma al granito para sostén y hospedaje de creyentes.

Reflejo
El cristal, como en la retina humedecida del peregrino, refleja la silueta catedralicia.

Sombra
Las sombras petrificadas de los peregrinos indican el rumbo que lleva a Santiago.

Estatuas de peregrinos de la Vía Láctea mirando hacia Santiago desde el monte do Gozo.

Santiago de Compostela

Meta del peregrino

EL CAMPO DE LAS ESTRELLAS

Una luz en el bosque

A Santiago de Compostela, ciudad que comparte con Roma y Jerusalén la capitalidad mística del cristianismo, se le atribuye un origen milagroso. Lo cierto es que su nacimiento se vincula al fervor religioso utilizado como arma espiritual en la secular guerra de Reconquista que enfrentó a los reinos cristianos hispanos con los musulmanes. El nacimiento de Santiago de Compostela también es fruto de la íntima necesidad espiritual de la cristiandad de crear una meta alternativa al muy difícil peregrinaje a Tierra Santa.

Santiago, hijo de Zebedeo y her-

Ostentación estilística

Campanario barroco de la iglesia del monasterio de San Martín Pinario, cuyos cimientos datan del siglo X.

Encuentro pontificio

Monumento conmemorativo del encuentro que el papa Juan Pablo II celebró con las juventudes católicas del mundo entero, que peregrinaron hasta la ciudad de Santiago de Compostela en el año 1989.

Convento de Belvís

Fundado en el siglo XIV, las madres dominicas conservan aquí una hermosa talla gótica policromada de la Virgen del Portal.

mano de Juan el Evangelista y uno de los doce apóstoles de Jesús, tras la muerte de éste recibió la misión de evangelizar Hispania. Sin embargo, antes de que se encaminase a cumplir tal cometido, Herodes Agripa I, el último de los reyes judíos, ordenó su asesinato. Cuenta la leyenda que, entonces, unos discípulos suyos embarcaron su cuerpo y lo condujeron hasta Galicia, donde un ángel recibió su cuerpo y lo llevó por el río Ulla hasta el bosque de *Liberum Dominum*, en Iria Flavia, ciudad romana próxima a la actual Padrón. En este bosque, el 25 de julio del año 813, el eremita Pelayo y Teodomiro, obispo de Padrón, vieron una luz que parecía indicarles un lugar. Con el pecho transido de emoción y de

Luces y sombras

Bajo las arcadas que acentúan los contrastes nocturnos, el silencio y el misterio desplazan el bullicio habitual de la rúa do Vilar, vía típica de tapeo y paso «jolgorioso» de las tunas universitarias.

Arteria vital

Viejas casonas, pazos, bares, tiendas y galerías porticadas dibujan el paso de la medieval y pintoresca rúa Nova, desde la catedral hasta la zona moderna de Santiago de Compostela.

fervor religioso, los santos varones siguieron la luz y en un claro de bosque descubrieron las tumbas del apóstol Santiago y de sus discípulos Teodoro y Atanasio.

El rey Alfonso II, al conocer la noticia del maravilloso descubrimiento en el *Campus Stellae* o Campo de las Estrellas, como fue llamado el lugar, autorizó a Teodomiro a construir una ermita dedicada al Apóstol. Poco tiempo después, mientras el papa León III anunciaba el milagroso acontecimiento a toda la cristiandad, las apariciones de Santiago en los campos de batalla se fueron sucediendo, insuflando ánimo a los cristianos que luchaban contra los musulmanes. Incluso se cuenta que en la batalla de Clavijo, librada el año 844, fue la misteriosa aparición de un caballero montado en un caballo blanco y enarbolando un estandarte también blanco con una cruz roja la que inclinó la victoria del lado del rey cristiano Ramiro I. Las milagrosas apariciones de Santiago Matamoros, tal como fue llamado el Apóstol, dieron a los cristianos un capitán invencible y un santo patrono. La fama creció tanto por el mundo cristiano que el papa Urbano II, en el siglo XI, consintió que el obispado de Iria Flavia se trasladase a Compostela, como ya se llamaba por evolución fonética de *Campus Stellae*, el lugar donde se habían localizado los restos del Apóstol y donde hoy se levanta la célebre catedral.

La Vía Láctea

Medio siglo después del descubrimiento de la tumba del Apóstol y convertido éste en paladín de la Reconquista al grito de guerra *¡Santiago y cierra España!*, miles de peregrinos ya caminaban por la senda de las estrellas a venerar las santas reliquias. Hacia 910, casi al final de su reinado, Alfonso III se vio obligado a sustituir el viejo templo de adobe por una basílica de piedra. Sus sucesores, Ordoño II y Ordoño III, aumentaron sus privilegios hasta que Vermudo II el Gotoso, proclamado rey gallego en Santiago de Compostela, vio cómo la ciudad era destruida en 997 por los ejércitos musulmanes de al-Mansur. Sin embargo, aunque la ciudad fue saqueada y la basílica arrasada, la tumba del

ARLAMENTO DE GALICIA

Pazo do Hórreo
Sólido y sobrio palacio rodeado de jardín arbolado y de rejas ornamentales que alberga el Parlamento gallego. Aquí los diputados autonómicos hacen efectiva la soberanía popular debatiendo y sancionando las leyes que regulan la vida y las actividades de Galicia.

santo y el anciano que la guardaba fueron respetados.

Mientras toda la cristiandad se movilizaba para reconstruir un templo más grandioso, el flujo de peregrinos siguió creciendo por las sendas que, desde los más remotos reinos de Europa, afluían a la Vía Láctea, que era como decir, «el camino de las estrellas», con destino a Santiago de Compostela. Al mismo tiempo que también crecía el tráfico de mercancías y saberes, en 1078, Alfonso VI de Castilla y León mandó construir la actual catedral y de este modo, junto a ella, fue conformándose la ciudad como magnífico monumento dedicado a la memoria del santo, entre las montañas y muy cerca de donde se juntan los ríos Sar y Sarela.

Cruceiro

El antiguo monolito rematado con la imagen del Cristo crucificado se alza como una señal espiritual en la avenida compostelana de Juan XXIII, el papa que modernizó la Iglesia católica.

El paseo del verdor

La Alameda es uno de los espacios verdes más hermosos de la ciudad que nació bajo la luz de las estrellas y que, desde hace más de mil años, atrae a millones de peregrinos.

Esplendor medieval

Mientras impulsaba las obras de la catedral románica y la *Schola Gramaticorum*, germen de la moderna universidad compostelana, el arzobispo Diego Gelmírez lograba que Santiago se convirtiera en sede arzobispal y tuviera el privilegio de acuñar moneda. Hacia 1175, el papa Alejandro III confirmó los estatutos de la Orden de Santiago, cuyos caballeros tenían la misión de proteger a los peregrinos. Con el tiempo y el poderoso apoyo del clero compostelano, la de Santiago llegó a ser una de las más poderosas órdenes de caballería del cristianismo.

Merced al simbolismo adquirido en la lucha contra los musulmanes, Santiago de Compostela se convirtió en el mayor centro de peregrinación de la cristiandad, después de Jerusalén y Roma. Su prosperidad económica y cultural atrajo tanto a mercaderes como a intelectuales y artistas que contribuyeron a conformarla como una de las ciudades más bellas y activas de la Europa medieval. Santiago –en cuyo seno se dirimían las tensiones de poder entre los burgueses y la Iglesia y las poderosas órdenes religiosas, y entre los aristócratas y los campesinos–, progresivamente se erigía como un sólido monumento de granito, cuyas hermosas formas hacían decir a sus habitantes que allí la lluvia se convertía en arte.

Hay quienes cuentan que un antepasado de la esposa de Cervantes, Catalina Palacios, llamado Gutierre de Queixada, quizás inspirador del personaje de don Quijote, era un famoso caballero andante que intervino con Suero Quiñones en la célebre gesta del Paso Honroso. Aquí, en el puente de Órbigo, en 1434, caballeros españoles se enfrentaron en batalla o en combate singular a caballeros franceses que peregrinaban a Santiago a rendir culto al santo. En la capilla de las Reliquias de la catedral, la imagen de Santiago Alfeo lleva, precisamente, un grillete donado por Suero Quiñones. Entre los siglos XV y XVI, concluida ya la Reconquista, los Reyes Católicos fundaron la Universidad y el Hospital Real frente a la catedral para hospedaje de los peregrinos, y establecieron aquí la Real Audiencia con jurisdicción en toda Galicia. Las rúas

Auditorio de Galicia
Moderno edificio dedicado a la actividad musical que comulga armónicamente con el entorno natural.

Modernidad
El pabellón de Galicia para la Expo'92, ahora en Santiago, representa el impulso futurista de la comunidad.

o calles compostelanas exhibían el colorido humano de gentes venidas de toda Europa. Peregrinos y estudiantes, mercaderes y caballeros conformaban un paisaje pleno de vitalidad.

Rosalía, *a Tola*

Santiago de Compostela, como centro cultural, dio notables figuras intelectuales y artísticas, pero tal vez la más importante fue la de Rosalía de Castro. Su poesía, esencialmente romántica, expresa desde la intimidad su identificación con el dolor y la tristeza ajenos, la situación social de la mujer y de los pobres, y el amor a Galicia. Esta mujer excepcional, que vivió en varias ciudades, acabó regresando a su Santiago natal arrastrada por la *morriña*. Ya superados los cuarenta y consagrada como poetisa, Rosalía de Castro descubrió que su defensa de los humildes, de los trabajadores del campo y del mar, le provocaba el rechazo de las clases dominantes. No fue extraño entonces que, al paso por las rúas compostelanas, muchos la llamaran *a Tola*, es decir la Loca.

GALICIA
Camiño do
XACOBEO
2004

Cuestiones de gusto

Los peregrinos, que habían hecho de la concha de la vieira el más característico de sus símbolos, movilizaban y daban dinamismo a los gustos que traían en sus zurrones, al tiempo que los estudiantes llenaban las noches de risas, voces y canciones y hasta de discusiones de elevados temas en las tascas, donde el vino turbio corría con la misma fluidez que las aguas de los ríos. No es extraño que algunos de refinados paladares polemizaran sobre si debía de ser blanco o tinto el vino cuando se acompaña de los pequeños y «peligrosos» pimientos de Santiago, a los que también se llama de Padrón o de Herbón, por la abadía franciscana donde los monjes los comían fritos, solos o como guarnición de carne o pescado frito o a la plancha, o como ingrediente de un cocido. Sobre las opciones de vino blanco o tinto con los pimientos de Santiago, don Álvaro Cunqueiro tenía al respecto la teoría de que hay que comérselos con vino blanco si se está tapeando en mostrador, y con vino tinto ligero si se los come en mesa, calientes y acompañados con «patatas cocidas para untar con el aceite en el que está la sal gorda que se usó para salar los pimientos».

Pero aparte de esta polémica peregrina, lo cierto es que los compostelanos gustan de beber los albariños suaves y un tanto ácidos que traen del valle del Ulla. Lo hacen especialmente en las ferias para acompañar el consabido pulpo *a feira* e incluso para las empanadas de congrio, el tan típico caldo con grelos o la merluza, esa que llaman «de aguja», cocida o asada, con guisantes o con tomate y pimiento, o en escabeche. Y para remate, el orujo para emborrachar con breves tragos la tarta compostelana o de Santiago, con almendras y con la tradicional cruz de la Orden perfilada con azúcar impalpable. A monjas compostelanas se deben otras golosinas, como los exquisitos almendrados y el dulce de calabaza.

Dicen que el obispo Gelmírez se apropió de no pocos huesos santos que había en la sede de Braga y depositó los restos alrededor de los huesos del Apóstol. Todos ellos son festejados en algún momento del año con gran algarabía popular. Es el

Vía al futuro
El convento de San Francisco emerge como punto de partida hacia la modernidad por la estela de la avenida Juan XXIII.

Barroco compostelano
La casa del Deán, en la plaza de Platerías, ejemplifica el talante aristocrático de los palacios del siglo XVIII.

pretexto que necesitan algunos para bailar al son de charangas y gaitas y otros para vender por las calles rosquillas de varias clases, figurillas de caramelo y otras golosinas, o para lanzar buscapiés, esos cohetes rastreros, que hacen saltar a descuidados o asustadizos.

La festividad del Apóstol

Cuando en el siglo XII, el papa Calixto II concedió a Santiago de Compostela los máximos privilegios que por entonces concedía la Iglesia católica, la ciudad del Apóstol también se benefició de que se declarara año santo aquel en que el día de Santiago, el 25 de julio, cayese en domingo.
La vinculación entre los orígenes de la ciudad con el santo y

A vista de pájaro
Desde el firmamento, el paisaje urbano de Santiago de Compostela se traduce en pequeños y compactos volúmenes sólo alterados por las torres catedralicias y de otras iglesias y el abigarrado laberinto de rúas de la muy antigua ciudad sacra.

el simbolismo de éste en la guerra de Reconquista han dado a las celebraciones del día de Santiago una particular relevancia con implicaciones religiosas y políticas, pues tal fecha también ha sido consagrada como el día de Galicia.
Desde varios días antes, las calles de Santiago de Compostela se llenan de centenares de visitantes, muchos de ellos peregrinos que han recorrido parte de la ruta jacobea. Ellos llenan los hospedajes y las tascas, y el 24 de julio asisten al *Fuego del Apóstol*, soberbio espectáculo de fuegos artificiales durante los cuales se «quema la fachada del Obradoiro». Al día siguiente, en el interior de la catedral se realiza la «ofrenda nacional» mientras el botafumeiro, como se le llama al gigantesco incensario, se balancea sobre el altar esparciendo el humo de incienso y creando una atmósfera de intenso misticismo.
Durante los años jacobeos, estas fiestas se prolongan y un gran número de peregrinos de todo el mundo convierte a Santiago de Compostela en la gran capital de la cristiandad. Es entonces cuando los peregrinos tristes que observen la catedral desde el monte do Gozo sentirán cómo su espíritu se llena de una alegría tan intensa como serena. A partir de ese momento, sólo queda vivir la ciudad en su plenitud. Pero, como afirma Gonzalo Torrente Ballester, quien profesó en la universidad compostelana, no es lo mismo Santiago de día que de noche.

Las caras de Santiago

Durante el día, el casco antiguo de Santiago de Compostela bulle de automóviles y camionetas que reparten mercancías en tiendas, colmados, restaurantes y tascas. Los peatones van y vienen, muchos abstraídos en la visión de un cielo no siempre despejado y en las viejas paredes de piedra que guardan los

secretos del tiempo y de la historia. Nadie escapa a la extraña sensación que produce pasear la mirada o palpar los muros y saber que las rúas por donde se suceden sus pasos también fueron caminadas por otros muchos durante siglos.

Después, atardece y, poco a poco, con la luz diurna también se van los ruidos y desaparecen los paseantes. Es a partir de esas horas cuando la ciudad nocturna ofrece un paisaje distinto. Las formas imprecisas de sus edificios proyectan sombras que sugieren otras emociones. Los muros de piedra aparecen de tanto en tanto rasgados por la luz y a través de esas rendijas se escapan risas y canciones. En ese instante, el visitante comprende que detrás de la atmósfera sacra, late un corazón festivo y gozoso, cuyo retumbo marca el ritmo de la noche, una especie de nocturnidad romántica que evoca poetas enamorados, musas esquivas, religiosos embozados y señores de franco, acaso ese «caballero de botas azules» que describió Rosalía de Castro.

Catedral de Santiago

Templo mítico de la cristiandad. En el mismo lugar donde una luz estelar reveló la tumba del apóstol Santiago, el 25 de julio de 813, se levantó una pequeña ermita que con el tiempo alcanzó el porte de catedral. A ella peregrinan, desde entonces, miles de fieles cristianos siguiendo las sendas históricas de la Vía Láctea para venerar las reliquias del discípulo de Jesús martirizado en Jerusalén hacia el año 44.

Catedral de Santiago

Fachada del Obradoiro. La soberbia fachada esculpida del Obradoiro fue construida en el siglo XVIII antecediendo al medieval pórtico de la Gloria.

Visión nocturna. Resulta espectacular la portada flanqueada por dos altas torres de 68 m y concebida como un monumental tríptico barroco.

Puerta Santa. Detrás de la torre del Reloj, esta puerta, también llamada de los Perdones, sólo se abre en los años santos y da acceso a los peregrinos a la tumba del Apóstol.

Puerta de las Platerías. De estilo románico y considerada la más bella de las puertas catedralicias, fue abierta a los romeros del Camino de Santiago el año 1103.

Doble entrada. La puerta de las Platerías, doble portal románico precedido de una escalinata, fue llamada así por los numerosos talleres de plateros que había frente a ella.

Catedral de Santiago

Las formas del monumento. Desde la tácita plaza de la Quintana, la catedral se perfila en la bóveda de su girola y en una de sus trabajadas torres esculpidas.

Catedral de Santiago

Gesto de fe. El peregrino impone su mano en la columna que sostiene la escultura del Apóstol requiriendo la absolución de sus pecados y la bendición de su alma.

Parteluz. Se cuenta que tocando con la cabeza la imagen arrodillada del *Santo dos Croques* o de los Coscorrones, a pie del parteluz, se consigue suerte y sabiduría.

Pórtico de la Gloria. La fachada occidental, con la estatua del Apóstol recibiendo a los peregrinos, es una recreación del Juicio Final. Flanqueando al santo aparecen personajes del Antiguo Testamento, encabezados por Moisés, y del Nuevo Testamento, encabezados por Pedro.

Detalle. El pórtico de la Gloria es una obra maestra del románico hispánico y una de las más brillantes muestras compostelanas, realizada por el maestro Mateo.

Ritual del botafumeiro. Cabe suponer que en lejanos tiempos el olor de la muchedumbre de peregrinos era tan intenso que sólo podía ser cubierto por los perfumes rituales dedicados al Señor. Los compostelanos fabricaron entonces un enorme incensario de plata y lo colgaron de la cúpula del crucero. Mediante un aparejo de cuerdas y poleas, siete hombres, llamados *tiraboleiros*, lo hacen balancear llevándolo de un extremo a otro de la nave menor. Dicen que desde que en 1499 y ante la mirada azorada de la princesa Catalina de Aragón el botafumeiro salió despedido por la puerta de las Platerías, uno de los *tiraboleiros* salta sobre él para detenerlo.

Catedral de Santiago

Incensario. El botafumeiro de 1544 fue expoliado por las tropas napoleónicas. El actual es una pieza de 1,5 m de altura y 80 kg que se utiliza en las grandes ceremonias y los domingos del Año Jubilar.

Ángel mensajero. Detalle de la cripta del pórtico de la Gloria. Tras éste, semioculto, está enterrado el arzobispo Muñiz, de quien se dice que, disgustado con la cena de Navidad en Roma, voló hasta Santiago.

Catedral de Santiago

Jambas de piedra. Las gruesas columnas, como las del pórtico de la Gloria, son la base de lo que, dentro del románico, se dio en llamar «arte de las grandes peregrinaciones».

Torre del Reloj. Desde el claustro catedralicio se observa la torre de 72 m, construida en el siglo XVII y que cuenta con una de las campanas más potentes del mundo en la actualidad.

Catedral de Santiago

Culminación del románico. Los arcos perpiaños o resaltados a manera de cincho constituyeron uno de los innovadores recursos técnicos que permitieron los grandes espacios interiores.

Nave central. Espectacular perspectiva del espacio por el que los peregrinos pueden circular libremente y que descubre el triforio con sus galerías superpuestas a las naves laterales.

Catedral de Santiago

Santiago. En el altar mayor, destaca la imagen del santo realizada en piedra policromada y colocada sobre un baldaquino barroco de bella factura.

Cripta. Debajo del altar mayor se halla el *Arca Marmórea*, la que, cuentan, se fundió milagrosamente para recibir el cuerpo del Apóstol.

Susurros. Por una escalera, en la parte trasera del altar mayor, se llega a la altura del Apóstol para abrazarlo y susurrarle al oído, «Amigo, recomiéndame a Dios».

La ciudad histórica

Hospital Real. Esta emblemática construcción está situada frente a la catedral. Fue fundada por los Reyes Católicos para que fuera albergue y hospital de peregrinos enfermos. Construida entre 1501 y 1511 por el maestro Enrique Egas, representa todo un símbolo del majestuoso gótico florido y del plateresco, y es referencia fundamental del casco histórico de la ciudad. En la actualidad, alberga el Hostal de los Reyes Católicos.

Arcos perfectos. La maestría constructiva de Egas llevó el arte gótico a una de sus mejores expresiones en Galicia.

La ciudad histórica

El comedor de piedra. En el Hostal de los Reyes Católicos, que forma parte de la cadena de paradores nacionales, se habilitaron las estancias del antiguo Hospital Real en espléndidos salones.

La ciudad histórica

Flor geométrica. El preciosismo ornamental del gótico florido se expresa en la linealidad del dibujo.

Techumbre. Molduras, ojivas y artesonado de madera componen el magnífico techo del Hostal de los Reyes Católicos.

La ciudad histórica

Casa de la Parra. Fachada barroca con ornamentación de motivos vegetales propios del simbolismo jacobeo.

Pazo de Raxoi. Impresionante edificio neoclásico edificado por el arzobispo homónimo, y sede del Ayuntamiento.

La ciudad histórica

Palacio Gelmírez. El vestíbulo, cubierto por bóvedas de crucería, informa del carácter constructivo del más notable ejemplo del románico civil. Mandado construir por el arzobispo Gelmírez en el siglo XII, hoy es sede del palacio Arzobispal.

Nervaduras. La técnica arquitectónica de los maestros constructores del palacio Gelmírez ya preludiaba dentro del canon románico las nervaduras góticas, que aquí constituyen, además, un suntuoso elemento ornamental.

Retratos cotidianos. Los capiteles del palacio Gelmírez incorporan figuras de clérigos, reyes y juglares y otros elementos que recrean un cuadro de la vida cotidiana medieval y contradicen la idea del mundo concebido como un valle de lágrimas.

La ciudad histórica

Salón de banquetes. Sobre la sala de armas se encuentra el amplio refectorio con sus hermosas bóvedas nervadas. Éstas se hallan decoradas con motivos que reproducen escenas de un festín medieval típico para quienes ostentaban el poder.

EXPOSICIÓN FOTOGRÁFICA
Arquivo Jose Mª Massó

Iglesias y monasterios

Convento de Santo Domingo de Bonaval. Según la tradición, Santo Domingo de Guzmán fundó el convento, que tiene trazas góticas, en el año 1220, durante el transcurso de su segunda peregrinación jacobea. Situado cerca de la puerta del Camino, que da entrada a la ciudad, en su interior reposan los restos mortales de algunos miembros de la familia de Altamira y los de Rosalía de Castro, entre otros diversos personajes célebres de la historia gallega.

Un barrio de leyenda. En este barrio de Bonaval estuvo situado un cadalso. Cuenta la leyenda que un herrero que iba a ser ajusticiado invocó a la Virgen gritando: «Ven e váleme»; el milagro se obró pues el hombre murió en ese mismo instante, librándose así de la infamia de la horca. De estas palabras vendría el topónimo Bonaval.

Espiral. El claustro barroco, del siglo XVIII, tiene una impresionante escalera de caracol por la que se asciende a la torre conventual.

Panteón de gallegos ilustres. La solemne ornamentación exalta la memoria de gallegos célebres, como Rosalía de Castro, Alfredo Brañas, Ramón Cabanillas y Castelao, sepultados aquí.

Iglesias y monasterios

Convento de Santa Clara. Edificado en 1260 gracias a la dote entregada por doña Violante, esposa de Alfonso X.

Iglesias y monasterios

Colegiata de Santa María la Real del Sar. Monumento románico a la vera de este río y próximo al puente, por donde entraban a Santiago los peregrinos que procedían de la zona de Orense.

Monasterio de San Martín Pinario. Fundado en el año 899 por el obispo Sisnando I, perteneció a la orden benedictina hasta el siglo XVI. Posteriormente, y a petición de los Reyes Católicos, congregó a todos los monjes que habitaban los monasterios de Galicia. En las fotografías aparece el claustro del monasterio, conocido como claustro de las Procesiones.

El poder y la gloria. La impresionante fachada del monasterio de San Martín Pinario, cuyo desnivel salva la escalinata, refleja el poderío alcanzado por la orden benedictina. (Doble página siguiente.)

Iglesias y monasterios

Iglesia de San Martín. El maestro Mateo López introdujo en la fachada renacentista elementos que anticipaban el estilo barroco, que definiría en adelante el arte religioso compostelano.

Iglesias y monasterios

La nave del Señor. Una bula papal de 1590 permitió construir la iglesia de San Martín con la cabecera orientada hacia el Oeste, donde se localiza el retablo barroco del altar mayor.

Iglesias y monasterios

Belleza ornamental. Talentosos artistas se encargaron de la decoración de la sillería del coro de la iglesia de San Martín, con figuras de santos, vírgenes y obispos.

Capilla mayor. Las formas del más exquisito y exuberante barroco realzan el principal lugar de la liturgia cristiana en la iglesia de San Martín Pinario.

MARÍA

Santiago estudiantil

Acceso a la vida cultural. Desde fechas muy tempranas, la ciudad de Santiago de Compostela se convirtió en un importante centro de estudios. En el transcurso del siglo XII ya contaba con una importante escuela, la *Schola Gramaticorum.* Fue ella el polo de atracción inicial para estudiantes que se albergaron en aquellos tiempos en posadas o monasterios e incluso convirtieron algunos de éstos en residencias estudiantiles.

Santiago estudiantil

Universidad de Santiago de Compostela. Fundada en 1504 por los Reyes Católicos, ocupa el edificio de un antiguo seminario jesuita construido en el siglo XVIII.

Colegio de San Clemente. Casa de estudios perteneciente a la Universidad y situada en un edificio renacentista del siglo XVII rodeado de un bello parque.

FACULTADE
DE
XEOGRAFIA E HISTORIA

Santiago estudiantil

Colegio de Fonseca. También denominado de Santiago Alfeo, fue fruto del esfuerzo del arzobispo Alonso Fonseca III, protector de Erasmo de Rotterdam.

Casa de estudios. Los renombrados maestros Juan de Álava y Rodrigo Gil de Hontañón fueron los artífices, en 1534, del bello edificio que constituye el Colegio de Fonseca.

GOMEZ
GOMEZ

La ciudad viva

El estómago de Santiago. En la plaza de Abastos, el mercado compostelano es heredero de la tradición medieval y del carácter de una ciudad surgida del flujo constante de peregrinos. Frutos y alimentos procedentes de las aguas y tierras gallegas se complementan con otros provenientes de las más diversas procedencias y lugares, conformando un soberbio y vivo espectáculo de formas, colores y perfumes que sensibilizan los cinco sentidos.

La ciudad viva

Plaza del Obradoiro. Punto culminante del Camino de Santiago y donde miles de peregrinos sienten alivio y asombro al mismo tiempo.

Símbolo del peregrino. La concha de vieira es la señal de identidad del romero y el emblema que jalona el Camino de Santiago hasta la plaza del Obradoiro.

Monumental. La vendedora ambulante es el contraste humano frente a la monumentalidad arquitectónica del pazo de Raxoi, en la plaza del Obradoiro.

La ciudad viva

Plaza de la Quintana. Por el lado este se alza el largo muro del monasterio de San Paio, en cuyo centro un mosaico recuerda el valor de los estudiantes en la guerra de Independencia.

Hostal de los Reyes Católicos. En la plaza del Obradoiro resalta la fachada plateresca del antiguo hospital y posada de peregrinos que habían recorrido la Vía Láctea.

Monumento a Rosalía de Castro. En la Alameda, los compostelanos rinden perenne homenaje a su coterránea, considerada una de las mayores poetisas españolas.

Alameda. La llamada porta Faxeira es la principal entrada a este espacio donde se celebran muchos actos festivos el día de Santiago. Abajo, preciosos bancos de un gran parque de la ciudad.

Parque de Bonaval. Las viejas huertas y el cementerio de Bonaval se han convertido en un hermoso paseo con jardines, árboles y un estanque como paisaje de un nuevo y activo foco histórico y cultural.

La ciudad viva

ROSALIA CASTRO

La ciudad viva

Rúa do Franco. Tiendas, bares, restaurantes, posadas y un sinnúmero más de negocios, hacen de esta calle una arteria típica de la ciudad histórica, transitada por miles de personas cada día.

Sol y lluvia. Los viandantes van y vienen por la rúa do Franco, entre la plaza del Obradoiro y la Alameda, como un juego de reflejos entre la luz y el agua que se resiste a evaporarse.

TABACOS
DAKAR
TELEFONOS

Paseo y refugio. La fina lluvia lleva a que entren en bares, restaurantes, tabernas y otros lugares de reunión, con sus terrazas y jardines interiores, las gentes, cuyas sombras parecen demorarse como una huella sobre el pavimento húmedo de las calles.

La ciudad viva

Café mesón. Porta Faxeira (a la derecha) es muestra singular del ambiente cosmopolita propio de la meta de la Vía Láctea. Desde hace siglos, compostelanos, viajeros, peregrinos y estudiantes son los protagonistas del paisaje vivo y colorido de la ciudad de Santiago de Compostela.

Plaza de Fonseca. El agua de la fuente con su rumor lleva a la joven que lee abstraída a esos lugares donde la imaginación obra de pasaporte.

La vieja alcurnia. El escudo nobiliario se dobla como si abrazara la esquina de la rúa de Fonseca, la cual recuerda a la aristocrática familia arzobispal.

Amparo callejero. Las calles porticadas, como la rúa do Vilar, concitan intimidad y un cierto cobijo hogareño a los viandantes de la ciudad.

La ciudad viva

Rúa do Vilar. De noche, bajo la luz del alumbrado público, las arcadas de piedra de la calle crean en la imaginación un paisaje de otros tiempos.

RISMO
DE INFORMACION

La ciudad viva

Conchas para el caminante. Los peregrinos antaño las llevaban colgadas a sus vestiduras y las usaban para beber agua de los ríos y fuentes.

Contemplación. Cumplido el largo trayecto, el peregrino contempla desde la plaza del Obradoiro la majestuosa belleza de la catedral.

Tiendas. Desde siempre la ciudad dispuso de mercados y tiendas para satisfacer las necesidades inmediatas y las espirituales de los romeros.

QUESOS
GALLEGOS
DE TETILLA
CHORIZOS
GALLEGOS
Queso
Palo Santo
Originario de Cuntis (1720)
SALCHICHÓN
CASERO
MANTECA
COCIDA

Museos

Museo catedralicio. En un marco que está dominado por las formas escultóricas del más bello estilo románico, la Catedral de Santiago de Compostela atesora valiosísimas colecciones de tapices, con obras inspiradas en cartones realizados por David Teniers, Juan de Raës, Rubens, Bayeu y Goya, entre otros grandes artistas. Y la biblioteca, donde se guarda también el botafumeiro, conserva manuscritos e incunables que tienen un gran valor histórico.

Museos

Arte popular. La ancestral habilidad de los artesanos gallegos tiene sus mejores ejemplos en el moderno Museo do Pobo Galego.

Maquinaria textil. El Museo do Pobo Galego exhibe las máquinas industriales que significaron un hito en la evolución técnica del país.

Museo do Pobo Galego. En el entorno del parque de Bonaval se conservan los elementos más significativos de la tecnología popular.

Museo das Peregrinacións. Sus salas recogen y exhiben todos aquellos elementos que forman parte de la cultura del peregrino y que ha hecho de Santiago una ciudad mítica de la cristiandad.

Museos

Hábitos. Los vestidos y objetos que han conformado el atuendo del romero a lo largo de los siglos dan perspectiva histórica de la influencia cultural del Camino de Santiago en el Museo das Peregrinacións.

Centro Galego de Arte Contemporánea. Arquitectura futurista para exponer las realizaciones artísticas de vanguardia y situar a Santiago de Compostela en el camino del siglo XXI.

Edificio compacto. El arquitecto portugués Álvaro Siza diseñó una estructura de extraordinaria simplicidad formal para armonizar con el entorno natural del parque de Bonaval.

Recreación espacial. Líneas rectas, cubos y paneles blancos generan un juego sutil de luces y sombras que marcan los límites de las salas de exposición.

Estadio de Atletismo
Faculade de Económicas
Parque da Música
Parque de Xixón
Xardín de Mosquera Pérez
Hospital Xeral de Galicia
Facultade de Farmacia
Praza do Seminario de Estudios Galegos
Facultade de Dereito
Facultade de Química
Praza de Rodríguez Cadarso
Caballería de Santa Susana
Faculdade de Medicina
Hostal dos Reis Católicos
Monasterio de San Martiño Pinario
Casa do Concello
Pazo de Xelmírez
Biblioteca Xeral Universitaria
Catedral
Monasterio de San Paio de Antealtares
Arquivo Histórico Universitario
Convento de Santa Clara
Centro Galego de Arte Contemporáneo
Parque de Santo Domingo de Bonaval
Convento Santo Domingo de Bonaval
Parque do Monte da Almáciga
Parque de Belvís
Parque da Trisca
Parlamento de Galicia
Estación de Tren
Río Sarela
Avenida de Novoa Santos
Rúa de San Lourenzo
Ruela do Gato
Rúa das Oblatas
Calzada do Carmen de Abaixo
Rúa Poza do Bar
Rúa Entregaleiras
Rúa Galeras
Rúa do Campo de Santa Isabel
Rúa do Curraliño
Rúa de Morou
R. dos Pelamios
Corredoira de Cornos
Rúa de Entreríos
Rúa dos Castiñeiros
Avenida de Xoán XXIII
Av. de Salamanca
Avenida de Coimbra
Rúa do Espírito Santo
Rúa dos Basquiños
Avenida das Letras
Av. do Marqués de Sargadelos
Avenida das Burgas
Avenida do Doutor Angel Jorge Echeberri
Avenida de Vigo
Avenida das Ciencias
Travesa dos Feáns
Rúa dos Feáns
Avenida de A Coruña
Paseo da Ferradura
Avenida de Compostela
Paseo de Bóveda
Paseo dos Leóns
Rúa do Pombal
Praza do Campo das Hortas
Rúa de San Clemente
Rúa das Hortas
Ruela de San Clemente
Rúa Carretas
Costa de San Francisco
Rúa San Francisco
Rúa do Val de Deus
Rúa Costa Vella
R. Costa Nova de Xasmíns
Rúa dos Xasmíns
Rúa da Estila
Rúa dos Loureiros
Rúa de Santa Clara
Praciña das Penas
Rúa de San Roque
Rúa Tras Sta. Clara
Rúa de Arzúa
Rúa de Teo
Praza de San Roque
Avenida de Rosalía de Castro
Praza de Vigo
Rúa Nova de Abaixo
Rúa do Pilar
Paseo Central da Alameda
Av. de Xoán Carlos I
Carreira do Conde
Porta do Faxeiras
Campo da Estrela
Rúa S. Clemente
Av. de Rodrigo de Padrón
Rúa Trinidade
Av. de Raxoi
Praza do Obradoiro
Praza da Inmaculada
Pr. de San Martiño Pinario
Pr. de S. Miguel dos Agros
Pr. da Algalia de Abaixo
Rúa da Troia
Rúa Acibechería
Pr. das Praterías
Praza da Quintana de Mortos
Rúa do Franco
Rúa da Raíña
Rúa do Vilar
Rúa Conga
Rúa de Xelmírez
Rúa do Preguntoiro
R. de S. Bieito
Rúa das Casas Reais
Rúa de Entremuros
Rúa das Rodas
Porta do Camiño
Rúa de Ramón del Valle Inclán
Ruela da Caramoniña
Praza do Toural
Rúa Nova
Rúa de Entremuralla
Rúa da Senra
Rúa das Orfas
Rúa Caldeirería
Rúa de Altamira
Rúa Tras das Ameas
Praza do Irmán Gómez
Praza de Abastos
Praza do Matadoiro
Rúa de Aller Ulloa
Rúa da Virxe da Cerca
Tránsito dos Gramáticos
Pr. de Mazarelos
Rúa da Ensinanza
Ruela da Tafona
Pr. de S. Pedro
Rúa de San Pedro
Rúa do Medio
Rúa de Sto. Domingo de Bonaval
R. Costiña do Monte
Rúa de Betanzos
Rúa das Angustias
Rúa Adro
Rúa do Campo do Forno
Rúa dos Concheiros
Pr. do Cruceiro de S. Pedro
Rúa dos Lagartos
Rúa Trisca
Corredoira das Fraguas
Costa do Vedor
Avenida de Lugo
Rúa de Londres
Rúa da Ranxeira
Avenida de Quiroga Palacios
Rúa Puente la Reina
Rúa da Batalla de Clavixo
Av. de Quiroga Palacios
Rúa de Andújar
Ameixaga
Rúa de Belvís
Praciña de Belvís
Rúa das Trompas
Rúa do Pexigo de Arriba
Rúa do Pexigo de Abaixo
Rúa do Olvido
Rúa de Pitelos
Rúa Castrón Douro
Rúa Bernardo Barreiro
Rúa de Curros Enríquez
Rúa do Cancelón do Sar
Rúa López Ferreiro
Rúa Eduardo Pondal
Rúa Ramón Piñeiro
Rúa Irmás Ariñe
Rúa de Gómez Ulla
Rúa do Hórreo
Praza de Galicia
Rúa do Doutor Teixeiro
Rúa do Xeneral Pardiñas
Rúa de Montero Ríos
Rúa da República de El Salvador
Rúa Alfredo Brañas
Praza da Ponte de Castro
Rúa Arxentina
Rúa Ourense
Rúa Antonio Casares
Rúa da Rosa
Rúa San Pedro de Mezonzo
R. Diego de Muros
R. Ramón Cabanillas
Rúa Fernando III O Santo
Rúa Santiago de Chile
Rúa Frei Rosendo Salvado
Praza Roxa